De l'Entrepôt

A Tivoli.

DE L'ENTREPOT

A TIVOLI.

La question des Entrepôts intérieurs, qui fut controversée pendant quinze ans, vient enfin d'être résolue ! La saine raison a fait triompher les intérêts généraux sur des intérêts particuliers mal entendus, mais habiles et actifs à se reproduire sous toutes les formes. Cependant la discussion n'est pas terminée pour la ville de Paris ; il lui reste encore à examiner le mérite des diverses localités qui sont offertes, et quels sont les avantages des propositions qui lui sont faites.

Quelle est la localité la plus convenable pour établir l'Entrepôt ? Cette question mérite d'être approfondie et envisagée sous tous les rapports.

D'abord les intérêts du commerce réclament un vaste local dont les constructions solides et appropriées à leur destination, éloignent toute idée de danger d'incendie, et sur lequel l'accroissement des bâtimens puisse suivre les progrès du commerce. Il faut que cet emplacement ne soit ni éloigné du centre des affaires, ni exclusif de telle ou telle voie d'arrivage : qu'on y reçoive la marchandise le plus économiquement possible et qu'on y perçoive le plus faible droit de magasinage.

Viennent ensuite les intérêts de la ville qui, dans son administration paternelle, doit veiller à la conservation de toutes les existences, et qui, en cherchant à améliorer le sort de la classe ouvrière, doit faire tous ses efforts pour répartir plus également dans des quartiers sains et aérés, une population entassée dans des rues étroites et fangeuses, afin que le bien-être qui doit s'ensuivre augmente ses perceptions, sans en augmenter les charges.

Bien convaincus que les intérêts généraux doivent l'emporter sur les intérêts particuliers, tous nos efforts vont tendre à démontrer que la localité que nous offrons doit mieux que toute autre les satisfaire.

Pour éclairer cette discussion, nous croyons devoir fixer et déterminer d'une manière précise quel est pour le négociant le bénéfice de l'Entrepôt ; et que du choix de la localité où il sera placé, dépendra soit l'augmentation de ce bénéfice, soit sa diminution, soit même dans certains cas son anéantissement.

Deux avantages évidens résulteront, pour le commerce, d'un établissement d'Entrepôt dans la ville de Paris :

Économie d'argent,

Facilité et augmentation dans les transactions commerciales.

Quant à l'économie d'argent, elle consiste dans la différence d'intérêts des droits, pendant le temps qui court depuis l'entrée en France des denrées coloniales, jusqu'au moment de leur sortie de l'Entrepôt ; et cette différence pour quelques-unes (et ce sont celles dont la consommation est la plus importante), peut dépasser 2 et 3 p. o/o de leur valeur.

Il en résulte que si l'Entrepôt est placé sur une localité qui, par sa position *exclusive*, ne favorise que le mode de transport le plus coûteux et ne soit propre qu'aux arrivages et non à la réexportation, ou dont les constructions élevées à grands frais élèvent aussi le tarif du magasinage, ce bénéfice des intérêts des droits dont nous avons parlé, sera plus qu'absorbé, et le but qu'on a voulu atteindre en créant des Entrepôts sera manqué.

D'un autre côté, il faut que l'autorité ne perde point de vue, dans sa prévoyante sagesse, et l'agrandissement futur de Paris, et son commerce intérieur, et même l'accroissement infaillible de ses exportations. Elle doit prendre en considération la mobilisation certaine que vont acquérir les marchandises.

Elle croira donc convenable de faire tomber son choix sur une localité vaste et spacieuse qui, en satisfaisant les besoins présens, puisse permettre toute espèce d'agrandissement futur.

Cependant, elle ne confondra pas les intérêts du haut commerce avec ceux du commerce de détail. Car, s'il est vrai de dire que l'Entrepôt est profitable au consommateur, puisqu'il y trouve la marchandise au plus bas prix possible, il ne faut pas perdre de vue que l'Entrepôt a été plus spécialement créé pour faciliter et multiplier les transactions qui ont lieu entre les négocians qui font venir la marchandise pour l'offrir à la consommation.

Ce n'est donc point précisément l'intérêt matériel du débitant, mais bien celui du négociant, que la loi a eu en vue. Néanmoins, la ville de Paris, tout en cherchant à les concilier, ne souffrira pas que l'Entrepôt soit hors de ses murs : car elle provoquerait un déplacement de population, dans les voituriers, les travailleurs, les commissionnaires de roulage et même dans une partie des négocians recevant la marchandise. Elle n'oubliera pas dans cette circonstance que la loi dit : que l'Entrepôt sera accordé aux villes et qu'il a été créé dans l'intérêt des villes mêmes ; elle ne voudra pas voir sa ruine se consommer au profit de la banlieue qui obtiendrait la préférence.

Par suite de ces principes, toute personne impartiale appelée à décider de la question, ne doit-elle pas se demander, quelle est la grande et vaste localité qui, dans Paris, est le plus avantageusement placée pour remplir les conditions que nous supposons devoir être exigées ?

Pour arriver à la solution de cette question, elle reconnaîtra facilement, en jetant les yeux sur un plan de Paris, que les marchandises venant presqu'entièrement du Havre, n'entrent dans Paris que par le canal Saint-Denis et la Seine ; que le canal Saint-Denis chargé de droits d'écluses ; indépendamment des inconvéniens qui peuvent résulter des chômages continuels, soit par le froid, soit par les réparations, soit enfin par le manque d'eau, ne peut malheureusement recevoir que des bateaux d'un tonnage bien au-dessous de ceux qui suivent la navigation de la Seine, soit jusqu'au port Saint-Nicolas, soit jusqu'à la garre Saint-Ouen; aussi, la différence du prix des transports, par ces diverses voies, est-elle assez importante pour absorber sur certaines marchandises, le bénéfice des intérêts qui résulte du retard de l'acquittement des droits des douanes *.

Elle ne pourra donc s'arrêter à aucune des localités desservies par le canal Saint-Martin, où du reste on ne pourrait arriver par terre que par des rues et des quais étroits et encombrés de population.

Resteront toutes les localités existantes sur les rives de la Seine, en remontant jusqu'aux Champs-Élysées.

Mais quel est le point où on devra s'arrêter ? Des chiffres vont donner la solution de cette question.

En quittant Saint-Ouen, la Seine cotoye presque les murs de Paris jusqu'à Neuilly; elle s'en écarte ensuite et fait un circuit de près de cinq lieues pour arriver à la garre de Grenelle et aux Champs-Élysées, après avoir été coupée par six ponts : et de fait, le port de Saint-Ouen est juste à la même distance que la garre de Grenelle de la place de la Bourse, inévitable centre de Paris.

Pourquoi faire faire aux marchandises cinq lieues de plus ?

Pourquoi leur faire passer six ponts ?

Dans quel but augmenter ainsi les frais de transport ?

Sera-ce pour arriver à une localité plus commode pour le commerce de Paris ? au milieu des banquiers et des négocians ? Non, car la garre de Grenelle, susceptible d'ailleurs d'être inondée, est séparée du centre du commerce par le quartier du Gros-Caillou, le Champ-de-Mars, les Champs-Élysées, la place Louis XV, le jardin et le château des Tuileries, et se trouve entièrement isolée de toutes les maisons commerciales.

Mais la localité de Saint-Ouen n'est pas dans Paris : elle est à la même distance que la garre de Grenelle du centre des affaires; il est donc indispensable de chercher une localité intermédiaire, tellement bien placée, qu'elle puisse d'une main recevoir les marchandises des ports de Saint-Ouen, Neuilly, Saint-Nicolas et La Villette, et puisse les verser de l'autre dans le centre de Paris.

---

* MM. Ardoin et comp., dans un Mémoire qu'ils ont répandu dans le public, font élever cette différence à 12 fr. 40 cent. sur 1000 kilog. de sucre. Nous nous bornerons à faire le chiffre plus simple, en indiquant les divers prix du fret. De Rouen à La Villette (en 12 jours), 12 fr. 50 c. le tonneau; à Bercy ou pour le canal Saint-Martin (en 14 à 15 jours), 13 à 14 fr. ; au port Saint-Nicolas (en 15 jours), 10 fr. ; à la garre Saint-Ouen, *avec charge complète* (en 10 jours), 9 fr. le tonneau. Les frais de remonte pour un bateau de 300 tonneaux sont absolument les mêmes que pour un bateau de 400. Ceux qui fréquentent le canal Saint-Martin ont de plus les frais de 22 écluses à 2 fr. le tonneau, comme les bateaux qui viennent au port Saint-Nicolas ont en frais de passage de ponts et de remonte, environ 1 fr. par tonneau de plus que ceux qui s'arrêtent à la garre.

Cette localité existe dans le quartier de Tivoli, au bout de la rue de la Chaussée-d'Antin, en regard de la Seine, vers Saint-Ouen et Clichy, touchant aux premières maisons de commerce de Paris, à peu de distance de la Bourse, parfaitement bien aérée, desservie par une multitude de rues plus larges que celles de la Chaussée-d'Antin, et par une place aussi grande que la place Vendôme.

Située entre les barrières de Monceaux et de Clichy, à l'intérieur de Paris, elle présente une superficie de 16,000 toises.

Elle réunit à l'avantage de l'économie dans les frais, celui de n'exclure aucun système de navigation, c'est-à-dire qu'elle peut également, sans encombrer les rues de Paris, recevoir les marchandises par les ports Saint-Nicolas, de Neuilly, Saint-Ouen et de La Villette, ainsi que par les voies de terre, et encore par les futurs chemins de fer de Paris à Rouen, au Havre et à Dieppe, et enfin par tous canaux qui, dans ces directions, pourraient être établis latéralement à la Seine *.

L'abord en sera facilité par un chemin de fer qui, en cinq minutes, transportera les marchandises des rives de la Seine dans l'Entrepôt.

Ses débouchés seront nombreux : d'un côté, les boulevards extérieurs feront le service pour les marchandises à exporter, et d'un autre côté, la rue de Londres, faisant suite à celle de la Chaussée-d'Antin, les distribuera sans encombrement par les boulevards dans l'intérieur de Paris.

Il est à remarquer que ce quartier, fondé et établi à l'aide de capitaux immenses, est déjà couvert de constructions importantes qui n'ont point discontinué de s'élever depuis les événemens de juillet, et qui recevront une nouvelle impulsion si l'Entrepôt y est établi.

Au surplus, tous les projets de chemins de fer et de canaux maritimes, tendent à aboutir à ce nouveau quartier.

On est certain que dans Tivoli il s'édifiera une plus grande quantité de maisons que partout ailleurs; que ces constructions occuperont une immense quantité d'ouvriers, surtout si l'autorité se décide à continuer le boulevard déjà commencé qui part de la Madelaine pour gagner la barrière de Monceaux, et pour lequel on lui offre des facilités telles qu'elle pourra en faire le tiers sans frais.

Personne n'ignore que les droits perçus aux barrières de la ville de Paris équivalent au dixième du prix des constructions : il est donc facile de démontrer, par exemple, qu'une maison qui a coûté 200,000 francs, a payé 20,000 francs à l'octroi; au surplus, le Conseil général peut sans peine s'en convaincre, en se faisant représenter les tableaux comparatifs des constructions et ceux de perception d'octroi pendant les dix années qui viennent d'expirer.

De tous les quartiers de Paris, si l'on en excepte les rives de la Seine, Tivoli est le seul où l'on

---

* Le prix fixé entre les voituriers et les négocians pour le transport des marchandises d'un port de débarquement dans les magasins de Paris est de 2 francs pour 1,000 kilo. Nous pensons qu'il sera facile de le réduire à 75 c. ou 1 fr. au moyen d'un chemin de fer.

arrive sans être obligé de monter d'une manière abrupte, la côte ayant été prise sur son penchant et diagonalement. Pour rendre la pente insensible, quinze pieds de terre ont été enlevés.

L'autorité, dont la prévoyance doit être sans bornes quand il s'agit des intérêts d'une capitale aussi importante que celle de la France, n'ignore pas que Paris s'agrandit considérablement dans une période de cinquante ans (les Ordonnances des anciens Rois ont vainement tenté d'empêcher ses agrandissemens successifs, les réunions d'hommes se formant par des causes que les Ordonnances ne peuvent détruire); l'autorité reconnaîtra facilement, en reprenant le plan de Paris, que le quartier de Tivoli, faisant aujourd'hui partie intégrante de la Chaussée-d'Antin, soit par la richesse de ses habitans, soit par son admirable exposition, est le seul susceptible d'un grand, prompt et infaillible accroissement (la mortalité y est presque de moitié moins grande que dans les autres quartiers).

Les constructions considérables des rues Godot, de la Ferme-des-Mathurins, de la place de la Madelaine, élevées en moins de dix ans, en sont la preuve convaincante.

Nous ne croyons pas que la Ville de Paris puisse s'arrêter un instant à l'idée de créer plusieurs Entrepôts : elle diviserait les acheteurs et les vendeurs, et ferait perdre aux uns et aux autres un temps précieux qu'on a voulu leur épargner en mettant l'Entrepôt dans les murs de Paris ; l'avantage d'un marché central disparaîtrait ; enfin, on causerait la ruine de ces établissemens dont les revenus ne sont pas assez importans pour être divisés et pour supporter l'accroissement des frais administratifs et de surveillance qui en résulteraient.

Nous croyons, d'après l'évaluation des arrivages des denrées entreposables à Paris, que le revenu doit suffire à peine pour faire face aux frais d'administration, d'entretien des bâtimens et aux intérêts des capitaux mis en avant pour la construction : en effet, un Entrepôt à Paris ne peut être convenablement édifié que sur un terrain d'une surface de douze à seize mille toises ; les bâtimens en emploieront provisoirement trois mille cinq cents à quatre mille. Ces constructions seront d'environ deux millions de francs; les frais d'administration et d'entretien dépasseront la somme de 50,000 fr.; d'où il suit que la Compagnie qui édifiera devra, pour subvenir à tous ces frais et intérêts, élever d'autant plus son tarif qu'il entrera moins de marchandises dans son Entrepôt.

Quel serait donc le propriétaire qui consentirait à sacrifier ses terrains pour obtenir un résultat illusoire? Où trouverait-on des capitalistes qui voulussent compromettre leur argent?

Nous croyons donc avoir suffisamment démontré, dans l'intérêt de la Ville comme dans celui du commerce, à cause du faible tarif qui par suite pourrait être fixé, qu'un seul Entrepôt doit être établi dans Paris.

Mais la Ville, voulant faire jouir sans délais le commerce de Paris du bénéfice de l'Entrepôt, voulant utiliser des bâtimens depuis long-temps construits, et désirant d'ailleurs ne prendre de décision définitive qu'après un mûr examen, ne s'arrêtera-t-elle pas à créer un Entrepôt provisoire dans les greniers d'abondance ?

Nous ne croyons pas que cette idée puisse être l'objet d'un examen sérieux.

1° Les greniers d'abondance ne sont point la propriété de la ville de Paris, mais bien celle de l'État, ce qui doit entraîner une grande perte de temps pour arriver à régulariser la possession de la ville de Paris.

2° L'emplacement est évidemment trop exigu ; il ne contient pas 1,800 toises (7,200 mètres), et la localité que nous offrons présente plus de 16,000 toises (près de 62,000 mètres), superficie que nous croyons à peine suffisante.

3° La Ville serait entraînée dans une dépense considérable, entièrement perdue pour elle, pour approprier ce local à sa nouvelle destination provisoire.

4° L'Entrepôt placé sur ce point, ou sur tout autre, desservi par le canal Saint-Martin, recevrait peu de denrées coloniales ; l'augmentation des frais de transport, en grevant le commerce de trois à quatre cent mille francs par an, absorberait entièrement le bénéfice qui résulte de la faculté d'entreposer ces denrées.

5° La Ville ne ferait pas profiter le commerce des avantages de l'Entrepôt, dans cette localité, plus promptement que dans la nôtre ; car nous offrons et nous prenons l'engagement formel d'édifier et de construire nos bâtimens et magasins, et de les mettre à la disposition des négocians, trois mois après la remise de la concession qui nous serait faite, et personne n'ignore que l'administration emploierait plus de six mois pour établir l'Entrepôt provisoire dans les greniers d'abondance.

EN RÉSUMÉ, nous osons nous flatter d'avoir complètement démontré :

1° Que des idées d'économie doivent présider au choix de la localité qui recevra l'Entrepôt ;

2° Que par suite de ces idées d'économie et de fixité, toute localité desservie par le canal qui tendrait à ne favoriser qu'un seul moyen de transport, doit être écartée ;

3° Que les contours de la Seine et l'augmentation des frais de navigation qui en sont la suite, doivent faire abandonner tous les points qui se trouvent depuis Grenelle jusqu'aux Champs-Élysées.

4° Qu'il est de l'intérêt de la Ville d'établir l'Entrepôt dans Paris, à portée de tous les points d'arrivage, afin de ne détruire aucune existence ;

5° Que la localité de Tivoli, au centre des négocians, à la proximité de la Seine par Saint-Ouen et le port Saint-Nicolas, ou des débouchés des routes de terre, est la seule où l'on puisse convenablement établir un Entrepôt *économique*, dont les abords et les débouchés satisfassent complètement le commerce ;

6° Qu'aucune autre localité ne peut soutenir la concurrence avec elle, dans l'intérêt présent comme dans l'intérêt à venir de la Ville de Paris ;

7° Que le plan en est beau et grand, qu'il exclut toute idée mesquine, et qu'il répond dignement aux hautes destinées futures du commerce de Paris ;

8° Qu'il serait illusoire et contraire aux véritables intérêts du commerce de permettre la construction de plusieurs Entrepôts ;

9° Que l'établissement d'un Entrepôt provisoire est inutile, puisque la mise en état dans les greniers d'abondance, indépendamment de la perte qui en résulterait, serait plus longue que l'édification entière des bâtimens que nous prenons l'engagement formel de livrer au public dans l'espace de trois mois.

Telles sont les idées que nous soumettons avec confiance à l'opinion publique ; nous pouvons affirmer en toute sûreté de conscience, que nous ne nous sommes déterminés à mettre notre localité sur les rangs que par suite de la conviction intime que nous avons acquise que nos faibles intérêts particuliers étaient d'accord avec les intérêts généraux.

Nous avons donc le droit d'exiger que, dans l'examen des localités mises en concurrence avec la nôtre, on considère seulement l'intérêt général, en écartant toute influence d'intérêt particulier ; c'est dans ce sens, et dans ce sens seulement, que nous sommes prêts à soutenir la discussion, et à nous retirer immédiatement, s'il est démontré qu'une autre localité dans Paris, remplisse mieux que la nôtre le but que le commerce s'est proposé en demandant l'Entrepôt, et que l'autorité a dû considérer en l'accordant.

Ch. LABROUSSE, courtier de commerce,

rue de Montholon, n° 24.

MOREAU, IMPRIMEUR, RUE MONTMARTRE, N° 59.

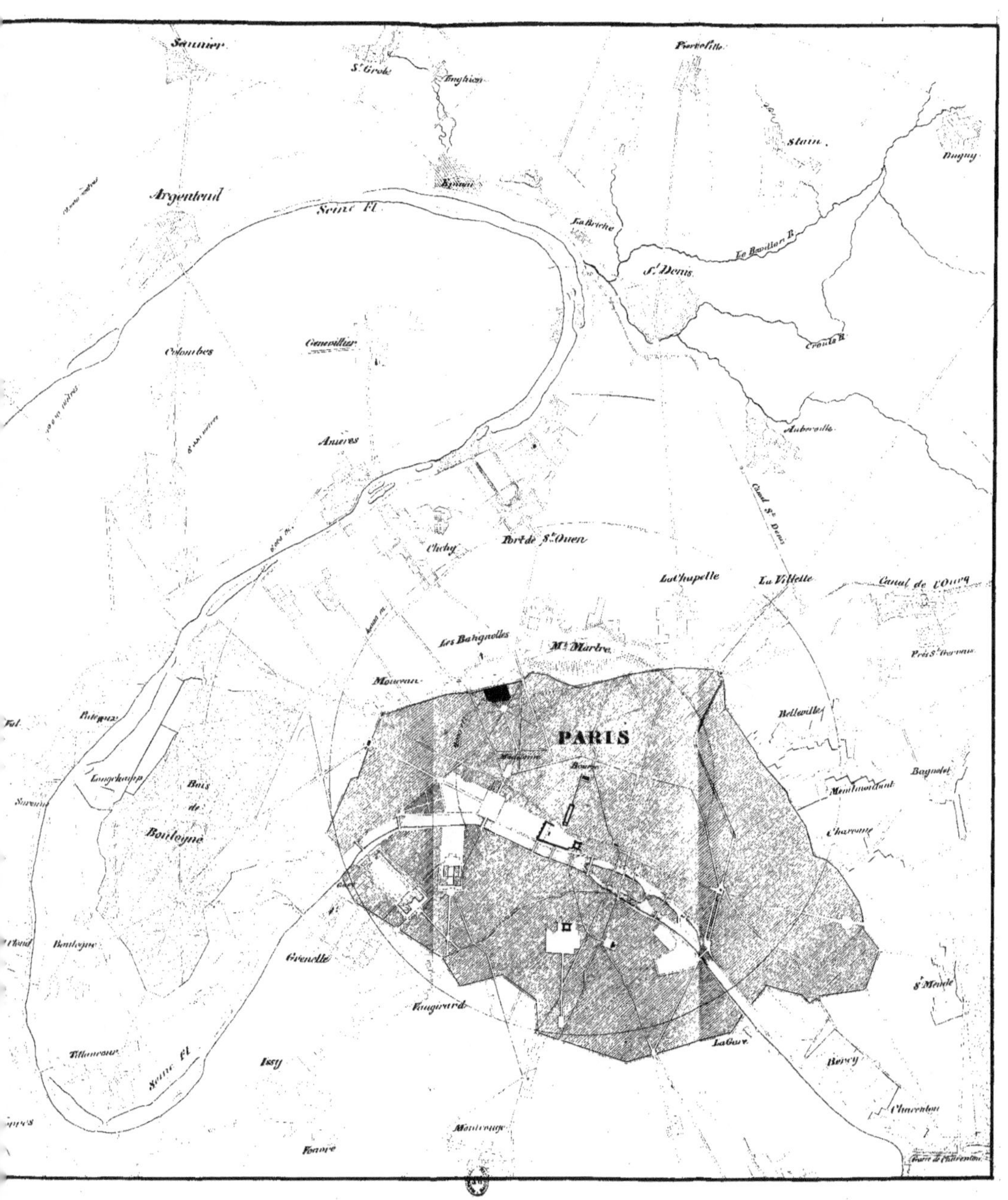

PARIS
Argenteuil
Sannier
St Grate
Enghien
Epinay
Pierrefitte
Stain
Dugny
Seine Fl
La Briche
Le Bourget B.
St Denis
Crouté B.
Colombes
Genevilliers
Auberville
Asnieres
Canal St Denis
Clichy
Port de St Ouen
La Chapelle
La Villette
Canal de l'Ourcq
Les Batignolles
Mte Martre
Prés St Gervais
Mouceau
Belleville
Pré St
Puteaux
Bagnolet
Longchamp
Bois
de
Boulogne
Menilmontant
Surenne
Charonne
Boulogne
Grenelle
St Mandé
Villeneuve
Seine Fl
Issy
Vaugirard
La Gare
Bercy
Charenton
Montrouge
Fontenay
Pont de Charenton

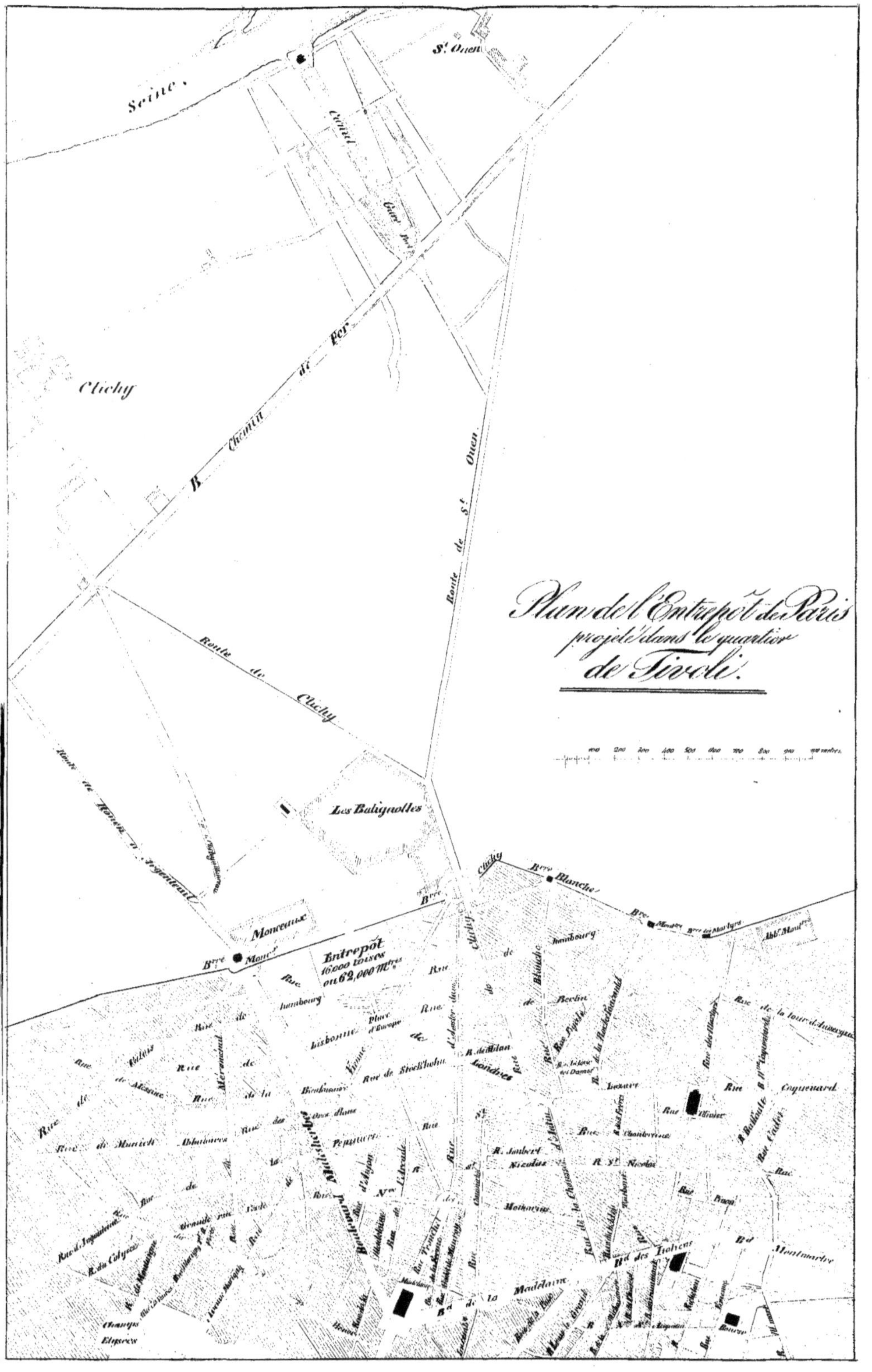

Plan de l'Entrepôt de Paris
projeté dans le quartier
de Tivoli.
Seine.
St Ouen
Canal
Clichy
B. Chemin de Fer
Route de St Ouen
Route de Clichy
Route de Revers à Argenteuil
Les Batignolles
Bre Clichy
Bre Blanche
Bre
Monceaux
Bre Monce
Bre Monce
Bre des Martyrs
Abb. Mont.
Entrepôt
16,000 toises
ou 62,000 Mtres
Rue
Hambourg
de
Bre
Rue de Valois
Rue Miromesnil
Rue de la
Rue de Lisbonne
Place d'Europe
Rue de Stockholm
Rue de Berlin
de Londres
R. de Milan
Rue de la Rochefoucauld
Rue de la Tour-d'Auvergne
R. de Madrid
R. d'Amsterdam
R. Isbère des Dames
R. St Lazare
Rue Olivier
Rue Bonaparte
Rue de
Rue de Munich
Boulevard
Rue des Pépinières
R. de Provence
R. Chantereine
Rue Cadet
R. Lambert
R. St Nicolas
R. St Nicolas
Rue
Methurine
B. Montmartre
Rue de la Chaussée
Madeleine
Bd des Italiens
Bd Montmartre
Champs Elysées
B. de la Madeleine
Rue du Louvre

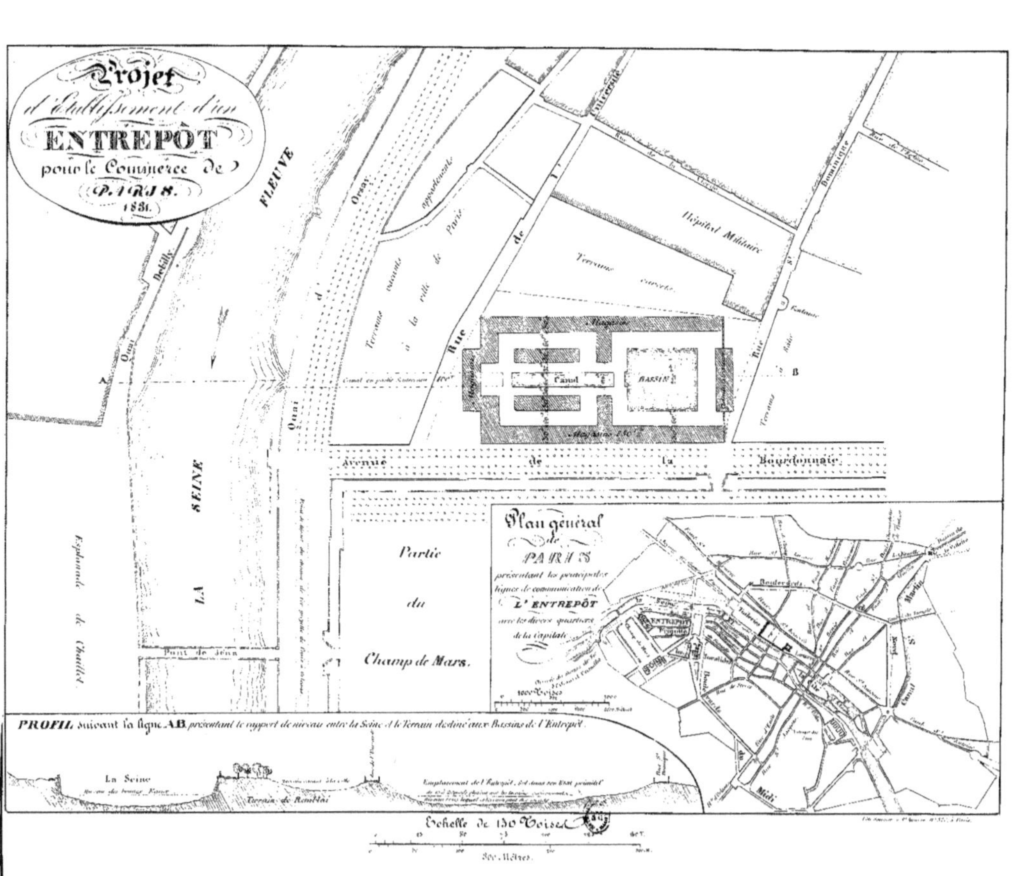

Projet d'Établissement d'un ENTREPÔT pour le Commerce de PARIS. 1831.
FLEUVE
Detaille
Quai
Quai d'Orsay
Terrain appartenant
Terrain vacant à la ville de Paris
Canal en projet Souterrain
Rue de Paris
Hôpital Militaire
Terrain vacant
Grand
Canal
BASSIN
Rue
Esplanade
A
Quai
LA SEINE
Magasins
B
Avenue
de
la
Bourdonnais
Esplanade de Chaillot
Partie
du
Champ de Mars.
Pont de Jéna
Plan général de PARIS présentant les principales lignes de communication de L'ENTREPÔT avec les divers quartiers de la capitale
Boulevards
L'ENTREPÔT
1000 Toises
PROFIL suivant la ligne AB, présentant le rapport de niveau entre la Seine et le Terrain destiné aux Bassins de l'Entrepôt.
La Seine
Terrain de Remblai
Emplacement de l'Entrepôt
Échelle de 130 Toises
300 Mètres.

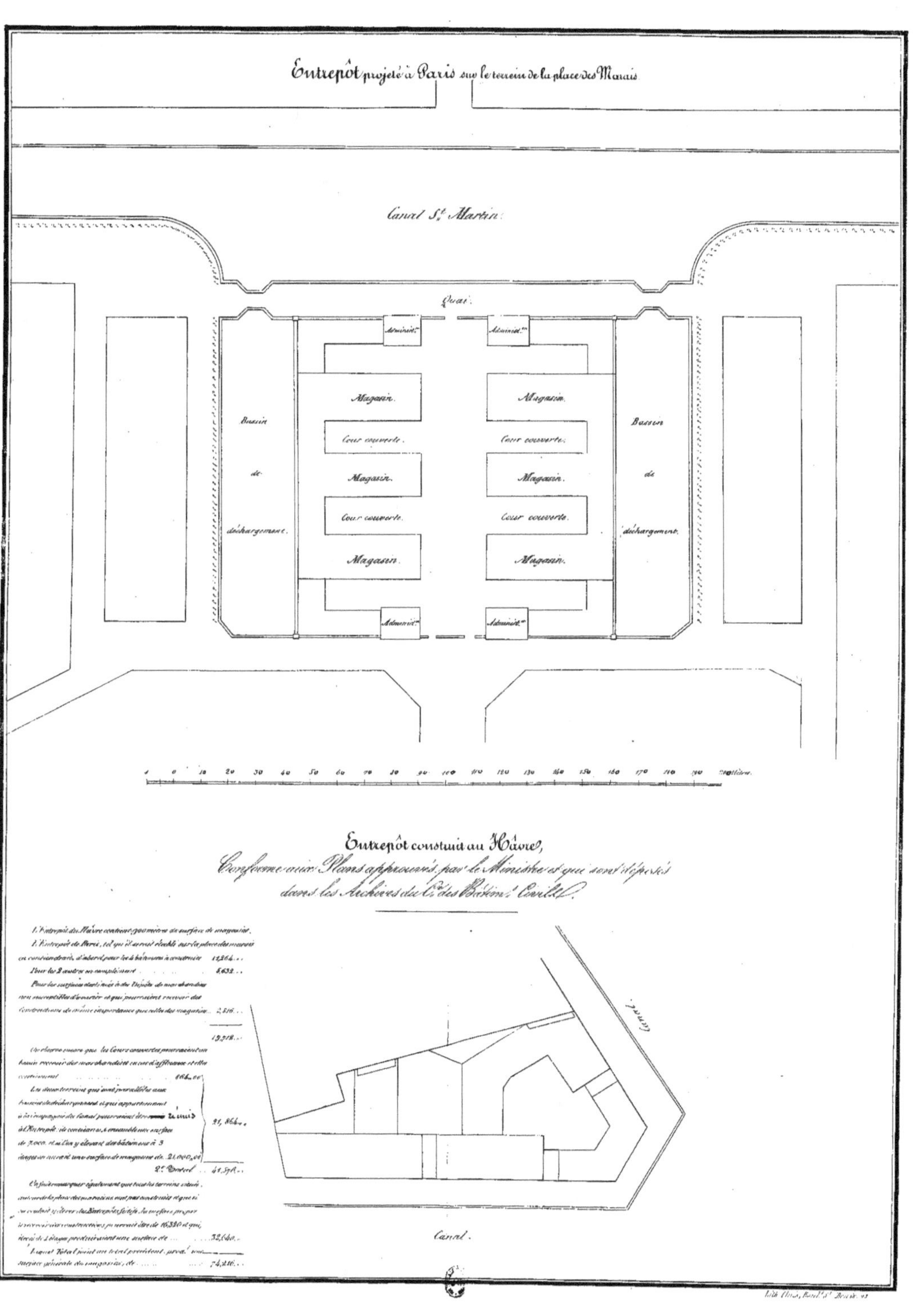

Entrepôt projeté à Paris sur le terrein de la place des Marais
Canal St Martin
Quai
Administ.ⁿ
Administ.ⁿ
Magasin
Magasin
Cour couverte
Cour couverte
Magasin
Magasin
Cour couverte
Cour couverte
Magasin
Magasin
Administ.ⁿ
Administ.ⁿ
Bassin
de
déchargement
Bassin
de
déchargement
0 10 20 30 40 50 60 70 80 90 100 110 120 130 140 150 160 170 180 190 Mêtres
Entrepôt construit au Hâvre,
Conforme aux Plans approuvés par le Ministre et qui sont déposés
dans les Archives du C.ᵉ des Bâtim.ˢ Civil.ˢ
Canal
Canal